¿De qué están hechas las cosas?

Texto: **Núria Roca**

Ilustraciones: **Rosa M. Curto**

BARRON'S

Mira a tu alrededor y verás que el mundo está lleno de cosas. Algunas cosas vienen de la **naturaleza,** como la fruta que te comes, pero otras están hechas por las personas, como tus zapatos.

Las personas sabemos hacer muchas cosas, pero sin la naturaleza... ¡no sabríamos de dónde sacar los materiales para hacerlas!

Los bebés beben **leche** de su madre o del biberón, y cuando ya han crecido beben leche de un animal de cuatro patas, con dos cuernos, que se llama... ¡Seguro que lo sabes!

Con la leche, se preparan dos productos riquísimos: el queso y el yogur.
¿Conoces algún otro producto que se obtenga de la leche?

Adivina cuál es el alimento que nos dan unos animalitos pequeñitos, de rayas negras y amarillas, que vuelan de flor en flor y te pueden picar si los molestas.

Es la **miel** que elaboran las abejas en sus panales.

¡Hummmm, qué dulce es!

Las vacas nos dan leche; las abejas, miel;
y las ovejas... **lana.**

Al final del invierno, los esquiladores, que son
como los peluqueros de las ovejas, les cortan la lana.

Con la lana que han cortado se elaboran hilos, que se
pueden teñir de todos los colores. ¡Ya está lista para
hacer suéteres y alfombras!

Las **plantas** nos proporcionan también muchos alimentos, como el trigo para hacer pan, el cacao para preparar chocolate, o la fruta para hacer mermelada. Y no sólo nos dan alimentos. Con las flores se pueden fabricar... ¡perfumes!

¿Y sabías que muchísimas medicinas se hacen con plantas?

El campo produce muchos tipos de cereales para hacer...

El té es una...

El chocolate se fabrica con...

Con fruta podemos elaborar...

Del girasol obtenemos...

A menudo los perfumes huelen a...

Hay plantas que se usan para hacer...

¿Alguna vez has visto **algodón** en un botiquín? Es tan esponjoso que parece una nube, pero con sus hilos se puede hacer la tela de tu camiseta, y también una tela tan resistente que se usa para fabricar *jeans* (o vaqueros).

¡Fíjate, cuántas plantas de algodón hay!

Con todo este algodón se podrían hacer muchas braguitas y calzoncillos.

Seguro que sabes que el lápiz sirve para escribir,

y no para que lo mordisquees como si fueses un ratón.

Pero, ¿ sabes de qué está hecho?

Con la **madera** del tronco de un solo

árbol se pueden fabricar muchísimos lápices.

Y juguetes, palillos o casas. Pero para hacer

una casa se necesita más de un tronco, por supuesto.

LA MADERA

Con la madera también se pueden hacer cuadernos para escribir
o libros como éste. Parece increíble, ¿verdad? La madera se tritura
en pedacitos muy pequeños (virutas) y luego se deshace hasta
convertirla en una pasta.

A esta pasta de papel se le puede dar forma de pañuelo, de
hoja de periódico... ¿ Qué otras cosas conoces que sean de papel?

Conseguimos materiales

de los animales, de las plantas y...

¡de la **tierra!**

Podemos extraer **rocas** de la montaña para hacer puentes y casas.
¡A veces se arrancan tantas rocas, que parece como si un gigante le hubiera dado un mordisco a la montaña!

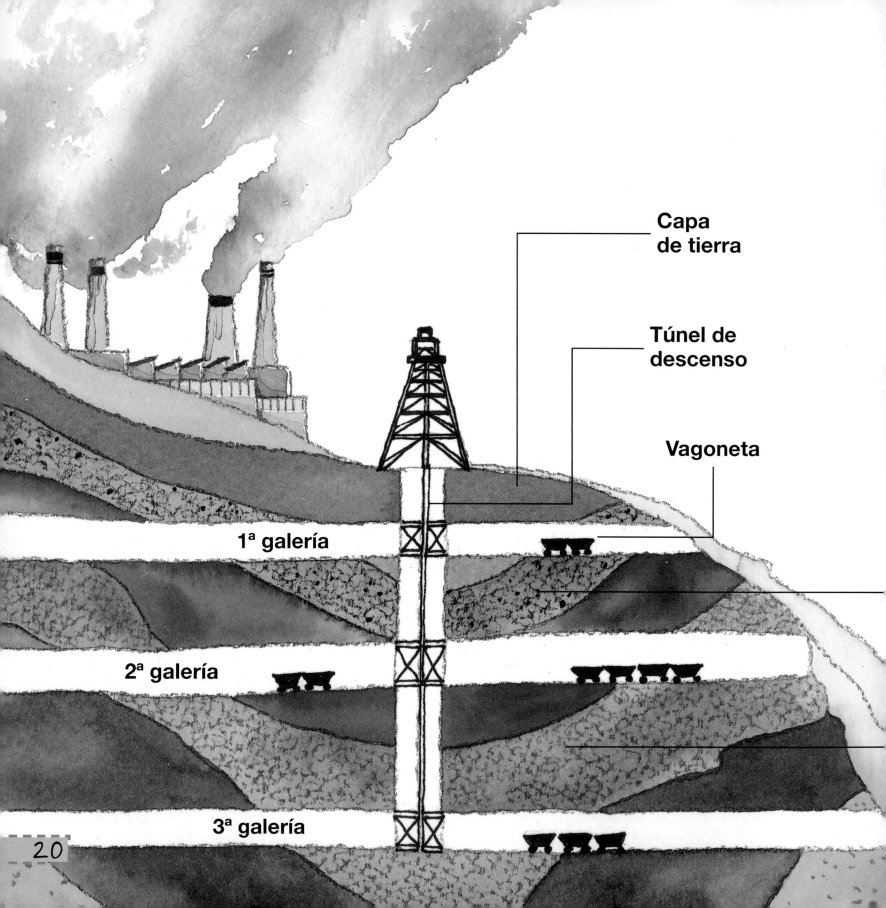

Capa
de tierra

Túnel de
descenso

Vagoneta

1ª galería

2ª galería

3ª galería

20

¿Te ha dado tu madre alguna vez un emparedado envuelto en papel de aluminio? Pues el aluminio con que ese papel está hecho ha salido de un **mineral** que está bajo tierra. Está enterrado a tanta profundidad que es necesario perforar túneles para poder extraerlo. ¡Es como buscar un tesoro escondido!

Capas ricas en minerales

Hay un líquido maloliente que se pone en el coche cuando se va a la gasolinera. ¿Adivinas qué es?

2 Millas.

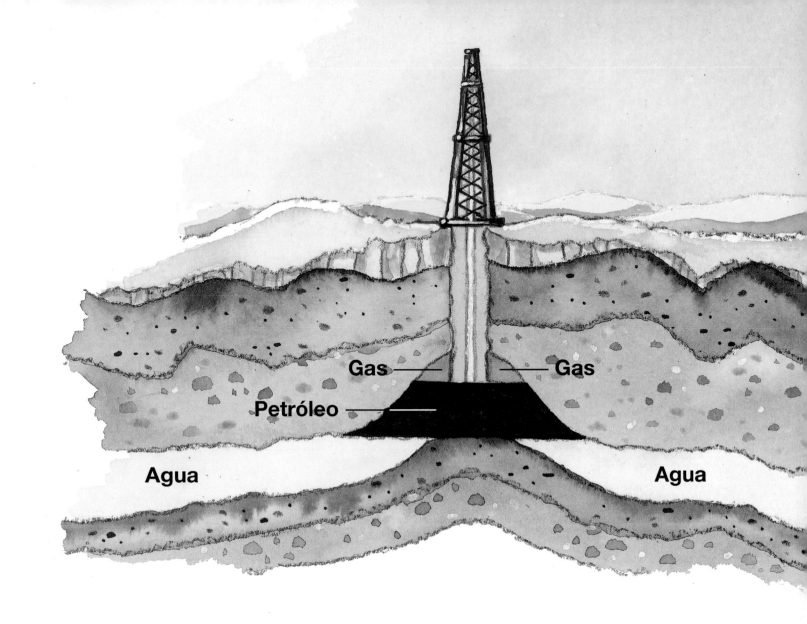

Gas ——   —— **Gas**

Petróleo ——

Agua   **Agua**

Es la gasolina, que se fabrica con **petróleo,** un líquido que está bajo tierra y también sirve para elaborar combustible para los aviones, e incluso para hacer funcionar la calefacción de tu casa.

Los recipientes de yogur, las cajas que contienen tu almuerzo, las cajas de los DVD, los cochecitos de juguete..., todos ellos tienen una cosa en común: están hechos de **plástico.**
El plástico lo hemos inventado las personas: no hay bolsas de plástico en la naturaleza... ¡excepto las que tiran las personas sucias, claro!

Vidrio transparente en las ventanas
para que pueda atravesarlo la luz, en los
vasos para que veas el color de la bebida,
en las ventanillas del tren para que
te entretengas mirando los lugares por
donde pasas... ¿Qué otras cosas son
de vidrio?
No le des golpes porque el vidrio
se rompe con facilidad.
¡Y cuando está roto, corta muchísimo!

Observa un botón que tengas en casa.

¿Es un **material** producido por la naturaleza, o hecho por las personas? ¿Cómo dirías que es?

¡Tienes a tu alrededor un montón de materiales que descubrir!

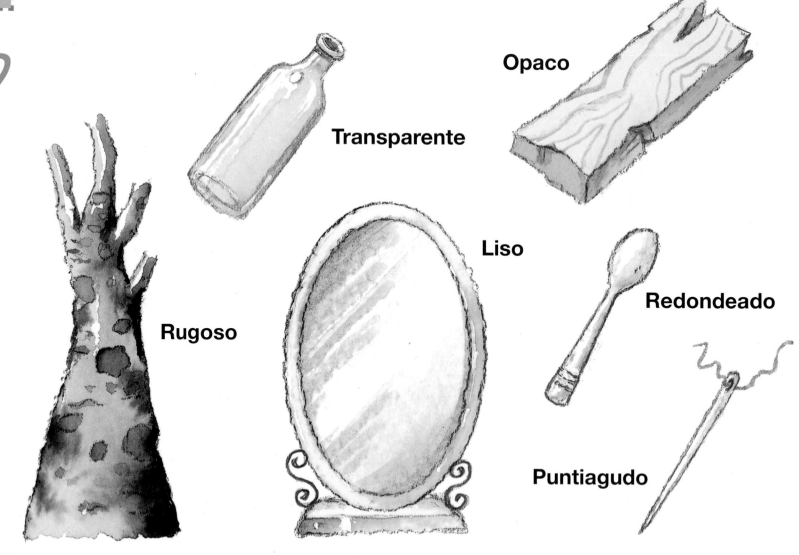

Transparente

Opaco

Rugoso

Liso

Redondeado

Puntiagudo

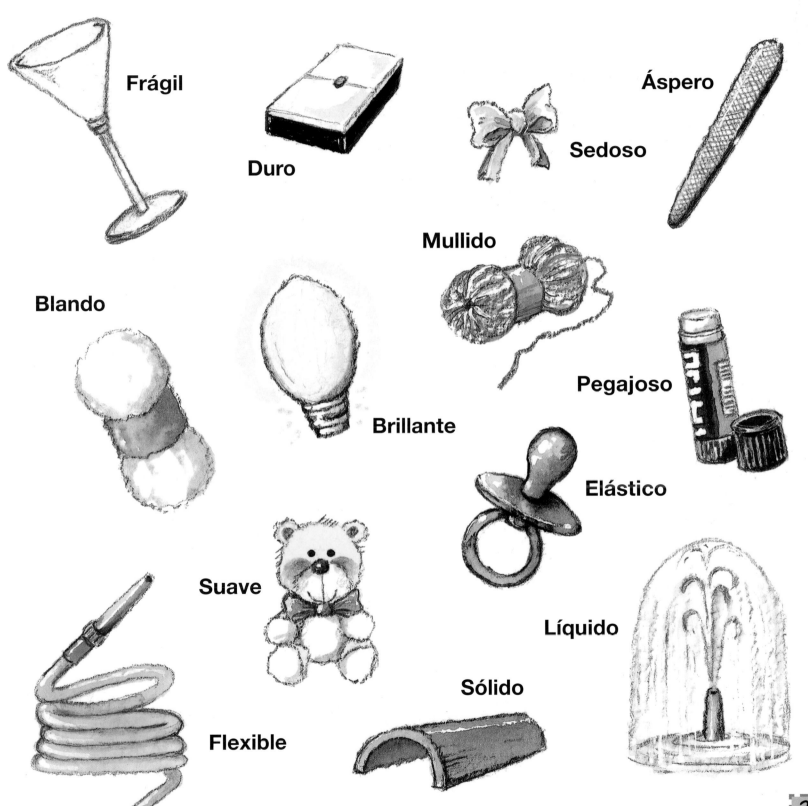

Frágil

Duro

Sedoso

Áspero

Mullido

Blando

Brillante

Pegajoso

Elástico

Suave

Líquido

Flexible

Sólido

29

Vamos a hacer mermelada

Aquí tienes una receta muy sencilla para hacer mermelada. Sólo necesitas una persona adulta que te ayude y los siguientes ingredientes:

• 2½ libras de frutillas muy maduras
• 1½ libras de azúcar
• Un limón pequeño

Limpia bien las frutillas y quítales el rabo. Una vez que estén limpias, riégalas con el zumo del limón; añade unas 5½ onzas de azúcar y déjalas reposar. Al cabo de media hora, pásalas por el colador y añade todo el azúcar restante. Échalas en una cazuela y déjalas unos 20 minutos a fuego lento, revolviendo a menudo. Cuando la mermelada esté fría, pásala a un recipiente de vidrio limpio. ¡Ya tienes mermelada para las tostadas!

Si deseas que la mermelada se conserve mucho tiempo, tienes que ponerla al baño María: mete el recipiente lleno de mermelada, sin tapar, en una olla con un poco de agua y pon ésta al fuego. Cuando el agua haya hervido durante unos 15 minutos, apaga el fuego, tapa el recipiente y espera a que se enfríe.

La mermelada está ya lista para guardarla.

Un tejido casero

Para hacer la ropa que llevas, primero hay que tejer la tela. Esto se realiza hoy en fábricas con grandes máquinas, pero en otras épocas se hacía a mano. ¿Te atreves a hacer un tejido?

1. Corta un cuadrado de cartulina gruesa y haz unos cortes en el borde superior y el inferior, como los que ves en el dibujo. Para tejer puedes emplear hilo o lana.

2. En una esquina, fija el extremo del hilo con cinta adhesiva y luego enrolla el hilo alrededor de la cartulina haciéndolo pasar bien estirado por los cortes que has hecho en la parte superior e inferior del cuadrado. Una vez llenos todos los cortes, enhebra el hilo en una aguja de coser plana.

3. Para tejer, debes pasar la aguja tal como indica el dibujo: una hilada por encima y la otra por debajo, y así hasta que hayas tejido todo el cuadrado.

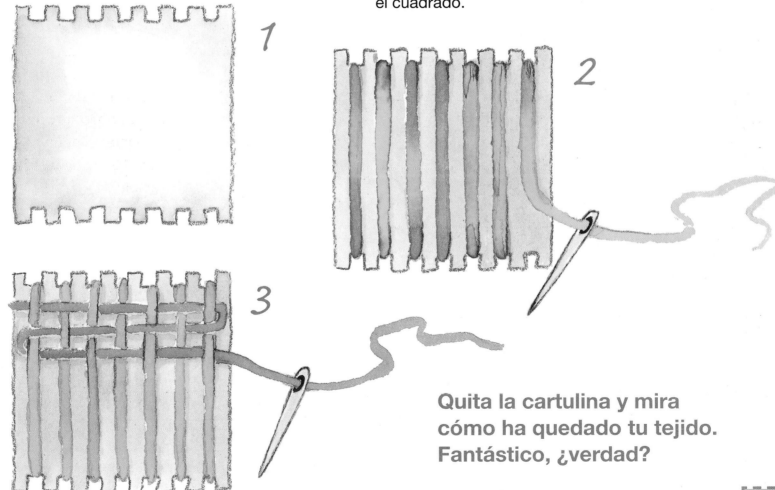

Quita la cartulina y mira cómo ha quedado tu tejido. Fantástico, ¿verdad?

Adivina

Debes decir por lo menos cuatro características del botón que sean ciertas.

Recoge todos los botones que puedas. Puedes buscarlos en casa, pedírselos a tus abuelos o preguntar a tus tíos si tienen alguno para prestarte. Cuando tengas ya bastantes, métely en una caja de zapatos, que puedes decorar con trocitos de papel pegados, hilos de colores y todo lo que te guste. Una vez que la hayas decorado, tienes que hacerle un agujero en la tapa, como muestra el dibujo. Ten presente que en el agujero tiene que caber la mano de un niño o una niña.

Y ahora, ¡a jugar con tus amigos! Saquen todos los botones de la caja y mírenlos muy atentamente. Pueden usar un reloj para decidir cuánto rato se deben mirar. Una vez acabado el tiempo, se meten los botones en la caja. Quien empieza el juego se tapa los ojos con una venda. Mete la mano en la caja y saca un botón. Debe decir por lo menos cuatro características del botón que sean ciertas. He aquí algunas sugerencias: ¿cuántos agujeros tiene?; ¿es suave o áspero?; ¿es grande o pequeño?; ¿es redondo, alargado o cuadrado?; ¿recuerdas de qué color era?; ¿es de plástico, de metal, de hueso o de madera?
¡Suerte!

Monstruos de lana

¿Quieres hacer un monstruo de lana?
Sólo necesitas lana, una aguja plana y sin
punta para coser lana y un trozo de cartón
delgado (parecido al de una caja de cereales)
y la ayuda de un adulto.

1. Dibuja dos círculos, uno dentro de otro
como los que ves aquí, y recórtalos. Para que
te queden perfectamente redondos, puedes
usar como plantilla dos vasos, uno más grande
que el otro.

2. Corta un trozo muy largo de lana, tan largo
como la estatura del adulto que te ayuda.
¡Quizá necesites una silla para medirlo!

3. Ata alrededor de los dos círculos un
extremo de la lana. Arróllala alrededor de los
dos círculos, sin apretarla demasiado. Pasa
una hebra de hilo por detrás de todos los hilos
del círculo pequeño, tira de ella para juntar
todos los hilos y haz un nudo.

4. Corta la lana por el exterior del círculo mayor
y saca el cartón: ya tienes un pompón de lana.
Ahora, dibuja en el cartón que has sacado los
ojos, los pies y la lengua del monstruo. Una vez
pintados, recórtalos y pégalos al pompón de
lana. Ya tienes un monstruo.

¡Puedes hacer tantos como quieras!

Guía para los padres

Infinidad de materiales

Los primeros materiales que usaron los hombres primitivos fueron la piedra, la madera, los huesos y los cuernos de los animales. Hoy en día disponemos de muchos otros. Unos son naturales, es decir, que los encontramos en la naturaleza, en tanto que otros son fabricados por las personas. Los materiales naturales provienen de los animales (lana, cuero, pieles, seda, cuernos, etc.), de las plantas (lino, algodón, madera, caucho, etc.) o se obtienen de los minerales y las rocas (piedras, arcilla, oro, carbón, petróleo, etc.). A esta edad, lo más importante es que los niños empiecen a observar los materiales teniendo en cuenta diferentes características: el color, la medida o la forma que tienen, la materia de que se componen... El hecho de determinar si se encuentran así en la naturaleza o han sido modificados o hechos por personas es un rasgo más que observar. A esta edad es mejor no hablarles de materiales naturales y artificiales, pues se trata de un concepto que aún no están preparados para asimilar.

La miel

Las abejas liban (chupan) el néctar de las flores, que es una especie de jugo. Por este motivo se muestran tan activas y vuelan de flor en flor. Con el néctar que recogen elaboran la miel, que almacenan en sus colmenas. El color y el sabor de la miel varían según el tipo de flor que las abejas usaron.

La miel es muy saludable, mucho más que el azúcar, pero para que mantenga sus cualidades, es muy importante no calentarla.

Madera

Para obtener madera se tala el árbol, el tronco se corta en tablones y la madera se deja secar con cuidado y lentamente, ya sea al aire libre o en secaderos especiales que hacen circular aire caliente entre los tablones.
En muchos lugares del mundo, la madera se obtiene de manera sostenible, es decir, que no se tala todo el bosque, sino sólo unos cuantos árboles marcados previamente por un técnico, de modo que su tala no perjudique la salud del bosque.
Es importante informarse de la procedencia de la madera que compramos y hacer partícipes de ello a los pequeños, puesto que con demasiada frecuencia la madera procede de la devastación indiscriminada de las grandes selvas del planeta. Su adquisición, aunque sea en forma de muebles, nos hace responsables de ello.

Papel

El papel se fabrica a partir de la madera. Los troncos se trituran hasta convertirlos en pequeñas virutas. Estas virutas se hierven en un producto químico llamado sosa cáustica y se transforman en una masa blanda. Esta pasta, que se parece algo al papel

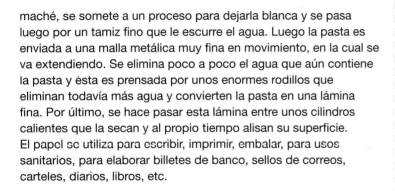

maché, se somete a un proceso para dejarla blanca y se pasa luego por un tamiz fino que le escurre el agua. Luego la pasta es enviada a una malla metálica muy fina en movimiento, en la cual se va extendiendo. Se elimina poco a poco el agua que aún contiene la pasta y ésta es prensada por unos enormes rodillos que eliminan todavía más agua y convierten la pasta en una lámina fina. Por último, se hace pasar esta lámina entre unos cilindros calientes que la secan y al propio tiempo alisan su superficie. El papel se utiliza para escribir, imprimir, embalar, para usos sanitarios, para elaborar billetes de banco, sellos de correos, carteles, diarios, libros, etc.

El petróleo

Sirve para que funcione la calefacción y para impulsar los automóviles, los trenes, los barcos o los aviones. La calefacción puede funcionar también con gas natural, con carbón o quemando leña en una estufa.
El petróleo es un líquido que se encuentra enterrado bajo tierra. Para extraerlo se perfora el suelo con una broca gigante. Como sucede con todos los minerales, el petróleo sólo se encuentra en algunos lugares del planeta, de modo que una vez extraído hay que transportarlo hasta los lugares donde se necesita. El transporte puede efectuarse en barcos, camiones o a través de enormes tuberías por los que el petróleo circula de un lugar a otro.

¿DE QUÉ ESTÁN HECHAS LAS COSAS?

Primera edición para Estados Unidos y Canadá
publicada en 2007 por Barron's Educational Series, Inc.
© Copyright 2006 de Gemser Publications, S.L.
El Castell, 38; Teià (08329) Barcelona, Spain.
(World Rights)

Texto: Núria Roca
Ilustraciones: Rosa M. Curto

Dirigir toda correspondencia a:
Barron's Educational Series, Inc.
250 Wireless Boulevard
Hauppauge, New York 11788
http://www.barronseduc.com

ISBN-13: 978-0-7641-3652-8
ISBN-10: 0-7641-3652-6
Library of Congress Control Number 2006931029

Impreso en China
9 8 7 6 5 4 3 2 1